了不起的中国非遗

美术宝·编著

书画

化学工业出版社
·北京

内 容 简 介

《了不起的中国非遗 书画》带我们走进了文房四宝的世界。千毛选一毫的湖笔，一点如漆的徽墨，定格千年文明的宣纸，冬不结冰、夏不干涸的端砚，青山绿水翠千年的国画颜料，以及中国书法，无一不呈现出古朴与匠心。通过手绘插图，再现传统手工的制作技艺，学习人与自然的融合发展，发现古代匠人的智慧与信念。

体验非遗魅力，感受中华文明的伟大变迁，探寻过去，开拓未来，就在了不起的中国非遗。

图书在版编目（CIP）数据

了不起的中国非遗 . 书画 / 美术宝编著 . —北京：化学工业出版社，2023.10
ISBN 978-7-122-43953-6

Ⅰ . ①了… Ⅱ . ①美… Ⅲ . ①书画艺术－非物质文化遗产－中国－青少年读物 Ⅳ . ① G122-49

中国国家版本馆 CIP 数据核字（2023）第 146717 号

责任编辑：丰　华　李　娜　　　　　文字编辑：郭　阳
责任校对：刘曦阳　　　　　　　　　　封面设计：史利平

出版发行：化学工业出版社（北京市东城区青年湖南街13号　邮政编码100011）
印　　装：北京尚唐印刷包装有限公司
787mm×1092mm　1/12　印张 6　字数 300 千字　2024 年 3 月北京第 1 版第 1 次印刷

购书咨询：010-64518888　　　　　　　售后服务：010-64518899
网　　址：http://www.cip.com.cn
凡购买本书，如有缺损质量问题，本社销售中心负责调换。

定　　价：55.00元

前 言

非物质文化遗产是什么？

是指各族人民世代相传，并视为其文化遗产组成部分的各种传统文化表现形式，以及与传统文化表现形式相关的实物和场所。非物质文化遗产是一个国家和民族历史文化成就的重要标志，是优秀传统文化的重要组成部分。通过对具有历史、文学、艺术、科学价值的非物质文化遗产的学习，可以提高审美意识，增强动脑和动手能力，激发想象力和创造力，我们都是小小传承人。

美术宝教育创始人兼 CEO

甘凌

目录

非遗档案

遗产名称： 湖笔制作技艺

公布时间： 2006 年（第一批）

非遗级别： 国家级

非遗类别： 传统技艺

项目编号： Ⅷ-72

申报地区： 浙江省湖州市

简　　介： 湖笔制作技艺是中国传统手工技艺之一。湖笔由纯手工制作而成，制作工艺十分复杂。一般需要经过一百二十多道工序才能制成一支湖笔。

千年技艺
妙笔生花

·湖笔制作技艺·

白居易曾以"千万毛中拣一毫"和"毫虽轻，功甚重"来形容制笔选料的讲究和技艺的精细、复杂。湖笔素有"毛颖之技甲天下"之说，这里的颖就是指毛笔笔头尖端有一段整齐而透明的锋颖，是用上等的山羊毛经过近百道工序精心制成的。

一支毛笔的前世今生

毛笔是一种源于中国的传统书写工具和绘画工具，是用禽、兽类动物的毛制成的笔，是古代中国人民在生产实践中发明的。中国古代的制笔中心主要集中在河北衡水、安徽宣城、浙江湖州等地，其中最有名的毛笔为湖笔、川笔、太仓毛笔、侯店毛笔、长康毛笔等。

你知道在有毛笔之前，人们用什么写字吗？

从石块到毛笔

石块

从原始人创作的壁画上，我们可以猜想出，在还没有毛笔的时候，他们书写、画画的工具应该是石刀或是有尖的石块。

鱼形玉刻刀

青铜刻刀

刀笔

商朝甲骨文出现，这时的书写工具演进成了玉刻刀和青铜刻刀。

现今发现的最早的毛笔实物为 1954 年在湖南长沙战国楚墓出土的毛笔，笔杆用竹管制成，笔头用兔毛包在竹杆的外围，与现在将笔头包裹在笔杆内不同。

毛笔

根据我国有效的出土文物记载，毛笔的起源可追溯到 1 万多年前的新石器时代，从出土的彩陶上已经能清楚地观察到毛笔作画的痕迹。

蒙恬造笔的传说

提到毛笔的发明者，很多人会想到秦朝的将军蒙恬。那么，这么一位英勇善战的大将军，是如何发明毛笔的呢？

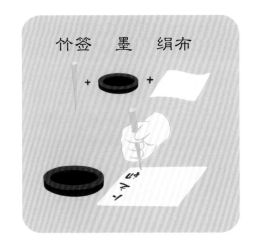

秦始皇统一天下后，北方仍受到匈奴的不断骚扰，于是派蒙恬率军驻扎在边疆。蒙恬经常需要向秦始皇奏报军情，可边关战事变化很快，文书往来非常频繁。那时候人们用刀刻字或是用竹签蘸取墨汁在绢布上写字，速度都很慢，不能适应战时需要。

怎么不吸墨呢？

它怎么还在这，再试试吧！

有一天，蒙恬在野外狩猎，打到一只野兔，发现沾了血迹的兔毛在地上留下的印记很像文字。

于是，他便用兔毛做了一支笔，但是油亮的兔毛却怎么都不吸墨，蒙恬又试了几次还是不行，便把兔毛笔随手丢在了一个石坑里。

过了几天，蒙恬在外出时又看到了那支被丢弃的笔，发现笔毛变得顺滑有光泽，便再拿来试试，竟然写得顺畅无比。原来，石坑里的水含有石灰，呈碱性，毛笔经碱性水泡过后去掉了油脂，变得柔顺易书写了。

今天又可以加餐啦！

真顺滑啊，太好用了吧！

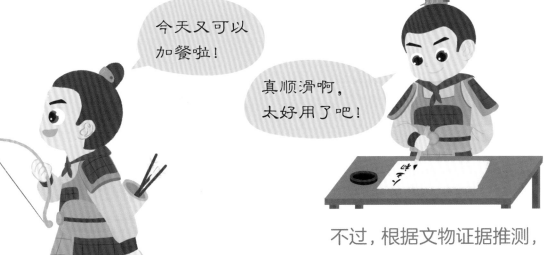

不过，根据文物证据推测，毛笔在秦朝之前就已经出现了，蒙恬大概只能算是毛笔的改良者。

千毛选一毫的湖笔

湖笔被誉为"笔中之冠"，发源地在浙江省湖州市南浔区善琏镇，与徽墨、端砚、宣纸一起被称为"文房四宝"。

笔中之冠

一般来说，所有的动物毛都可以做毛笔。湖笔的毛料主要分为羊毫、紫毫、狼毫和兼毫四大类。以羊毫为例，传统羊毫笔只择取杭嘉湖一带所产的优质山羊毛，这一带的羊毫为上品，锋嫩质净，而湖笔则主要选用山羊的腋下和脖颈毛，再经七十余道工序才能选出合适的制笔原料，被誉为"笔中之冠"。

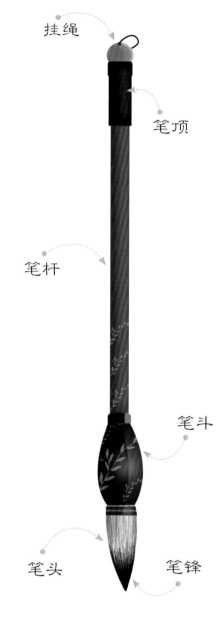

挂绳
笔顶
笔杆
笔斗
笔头
笔锋

毛笔的搭档

 笔帘

 笔洗

用笔帘卷着毛笔可以保护笔头。

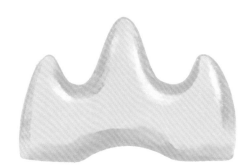

笔山

写字画画时用来暂时放毛笔。

用来装水，清洗毛笔。

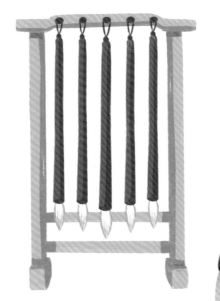

笔架

用完毛笔后可以将其洗净悬挂在笔架上晾干，笔头朝下，可以让笔毛更顺。

那当然，用的可是我们杭嘉湖一带的山羊毛！

这毛笔真好用！

一支湖笔的诞生

湖笔由纯手工制作，工艺复杂、精湛，从选料到出厂，需要经过择料、水盆、晒干、结头、蒲墩、装套、择笔、刻字八道大工序，细分有一百二十多道子工序。一人一笔一世界，一笔一毫书千年。

1. 择料

制作湖笔，最重要的是笔头毛料的选择，工匠们要将毛料按长短、粗细、色泽、有无锋颖等进行分类。择料工匠还要能识别山羊毛、兔毛、黄鼠狼毛、獾毛等毫毛质量的优劣。

2. 水盆

"水盆"是湖笔制作过程中最复杂、最关键的工序之一。将浸在水盆中的毛料理顺，带湿剔除不适合做笔的杂毛、绒毛、无锋之毛等。

8. 刻字

在笔杆上刻字，比如毛笔的品名、型号等，是目前唯一可用机器替代的工序。

7. 择笔

这一步很考验制笔工匠的功力，工匠们要一手握住笔杆，一手拿着择笔刀，迎着光线挑出笔头上无锋、弯曲和断头的毫毛，修理笔头，完成笔头"尖、齐、圆、健"的定型。

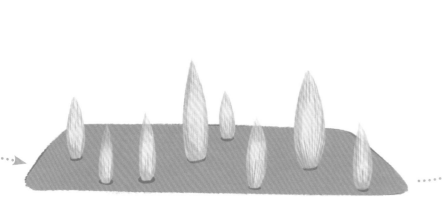

3. 晒干

晾晒毛料，对晒好的毛料进一步筛选组装。湖笔最突出的特点就是笔尖处有一小段透明的部分，这个就是湖笔的锋颖。

4. 结头

将分好组的半成品笔头进行结扎，然后用熔化的松香滴在笔头根部，使笔毛不易脱落。

6. 装套

将筛选出的笔杆一端挖孔，把结扎好的笔头安装在其中。

5. 蒲墩

逐根挑选笔杆，把干裂、粗细不匀的笔杆剔除，分类选出色泽、粗细、长度一致的笔杆。

非遗档案

遗产名称： 徽墨制作技艺

公布时间： 2006 年（第一批）

非遗级别： 国家级

非遗类别： 传统技艺

项目编号： Ⅷ-73

申报地区： 安徽省绩溪县、歙县、黄山市屯溪县

简　　介： 徽墨是以松烟、桐油烟、漆烟、胶为主要原料，经炼烟、和胶、挫边等工序，制作而成的一种主要供传统书写、绘画使用的特种颜料。

墨色五分
万载存真

·徽墨制作技艺·

徽墨是中国名墨之一，因产于古徽州得名，素有"拈来轻、磨来清、嗅来馨、坚如玉、研无声"的美誉。

徽墨的起源

墨是一种碳素颜料，人工制墨是我国古代一项十分重要的技艺。徽墨作为我国墨文化的杰出代表，始于唐、兴于宋、盛于明清。"天下墨业，尽在徽州"，徽墨在中国制墨史上产生了极其深远的影响。

绝处逢生

唐末时期，易水（今河北易县）著名的墨工奚超、奚廷圭父子为躲避战乱，举家南迁到歙州。在此地继续钻研制墨，创制出了"丰肌腻理，光泽如漆，经久不褪，香味浓郁"的佳墨。南唐后主李煜视其为珍宝，封奚廷圭为墨务官，并赐国姓"李"。宋徽宗宣和年间，歙州更名为"徽州"，此地所产之墨便称为"徽墨"，李廷圭也成为徽墨鼻祖。

徽墨的制作流程大致分为备料、合料、模制成型、整形、成品等基础步骤。但在不同的发展时代，每个环节又不尽相同，各派有自己的绝技。制墨的原料也从单一的松烟，演变为松烟、油烟、漆烟等混合。

松烟墨

松烟墨系指用松木不完全燃烧后取得的烟炱作原料，再加以其他成分所制成的具有一定形制的墨锭。自我国开始人工制墨以来，松烟就一直是制墨的重要原料之一。三国时曹植的乐府诗中就已经出现了"墨出青松烟，笔出狡兔翰"的诗句。

《墨谱法式》中记载了松烟墨的古法制作流程，原料制备主要是获取烟灰，选取适合的燃料，点燃燃料，并尽可能高效收集烟灰；和制成形则是将烟灰与胶、添加料混合，制作成墨锭。

原料制备阶段：采松、造窑、发火、取烟。
和制成形阶段：和制、入灰、出灰、磨试。

油烟墨

和松烟墨的原理一样，油烟墨的燃料是油料。油料既有植物油也有动物油，但是以上等的桐油为佳，当时就有"烟清不如油清，油清不如桐子鲜明"之说。

随着松树的匮乏，油烟墨原材料的不断扩展以及技艺的成熟，松烟墨"自魏晋以来的主导性地位逐渐被油烟墨替代"，明清以后，徽墨都是以桐油为主的油烟墨。

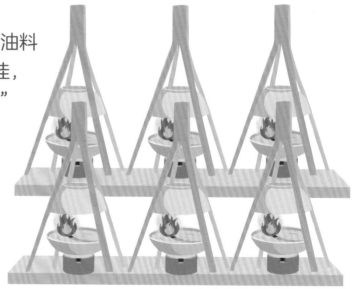

烟轻胶清、合剂得法

古人制作松烟墨的方法个性化很强，因人而异、因时而异。但大体上分为四步：烧烟取煤、掺胶加药、杵捣成剂、压制成形。烟和胶作为墨的核心材料，至关重要。烟细、胶新、杵熟、蒸匀，才可得佳墨。对于辅料的添加，说法不一，主要取决于墨的用途和售价，以及墨工的喜好等。

1. 烧烟取煤

古人认为烟的质量决定了墨的质量，所以十分讲究松烟的制备，从松材的选取、窑的设计、烧火的大小、收烟的方法都有许多操作要领。松烟的烧制包括采松、造窑、发火、取烟四步。油烟和漆烟由于烧制的原料不同，与松烟略有不同，包括点烟和取烟两个步骤。烟料收集好后，一般用生绢筛子筛入干净的缸内，初步去除杂质。

要按比例配好！

胶在墨中的作用：
· 制墨成形
· 使研磨后的墨汁，不易产生沉淀
· 保证墨能长期黏附在纸上，不褪色
· 增加研磨、书写时的润滑度

浓度刚刚好！

2. 掺胶加药

胶作为黏合剂，在制墨的过程中至关重要。所谓"凡墨，胶为大"正是这个意思。古时常用的有牛皮胶、骨胶、鱼胶等。和胶之法，一向被视为制墨工艺中的核心技术。

此外，在制墨时还会加入龙脑、麝香、珍珠、冰片等多种中药材，甚至是金箔，起到增光、助色、取香、防腐等作用。而各种药材加入的顺序与方式也十分考究，有需要蒸煮后加入药汁的，有研磨后加入粉末的，还有一些增加墨香的药要在分成墨剂之后再加入。

3. 杵捣成剂

将烟灰、胶、药混合好后，像揉面一样，揉成墨稞。之后就是非常耗时耗力的杵捣工序了。古时对杵捣工时的标准是"捣必十万杵"，也就是一块墨稞要被敲打十万次，这道工序才算完成。杵捣的过程，可以使胶的颗粒变小，墨颗粒更均匀地分散，这样做出来的墨质地坚硬、墨色均匀、落纸如漆。杵捣后的墨胚如果搁置太久会变硬，此时会采用蒸的方式，保持墨胚的柔软，方便下一步压模的工序。

填字

用胶水混合铜金粉描绘出墨块上的图案和文字，然后晾干就制作完成了。

锉边

工匠们用锉刀轻轻地将墨锭的边缘打磨得平滑且有光泽。

4. 压模成形

用木头制作成墨模，并刻绘出各种花纹样式。按重量将墨胚分成一个个墨剂放入其中，压制成墨锭。压制一段时间定型冷却后，拆模晾墨。

一般在柴炭灰、石灰或稻麦糠中阴干。如果干的速度太快，墨锭容易裂，太慢又易弯曲，所以晾墨也是个技术活。

非遗档案

遗产名称： 宣纸传统制作技艺

列入年份： 2009 年

非遗类型： 联合国教科文组织评定列选的人类非物质文化遗产代表作名录

非遗类别： 传统手工艺

申报国家： 中华人民共和国

简　　介： 造纸术是中国古代四大发明之一，其中宣纸是传统手工纸的杰出代表，自唐代以来，一直是书法、绘画及典籍印刷的最佳载体。宣纸有独特的渗透、润滑性能，且少虫蛀、寿命长，自古就有"纸中之王、千年寿纸"的誉称，至今仍不能被机制纸所替代。

千年寿纸

·宣纸传统制作技艺·

宣纸具有质地绵韧、光洁如玉、不蛀不腐、墨韵万变等特色，被誉为"国宝"。宣纸润墨性好，写字、作画即使一笔落成，也能达到深浅渐变、浓淡相宜、纹理可见、层次分明的效果。

宣纸如蝉翼
洁白证匠心

造纸术是我国古代的四大发明之一，宣纸则是传统手工纸制品中最为杰出的代表，至今已有700多年的历史。"宣纸"一词始于唐代，是以古宣州地区为中心的周围数县内所产优质纸的总称。小岭曹氏是其发明者。

用这三种宣纸写字或画画，有什么区别呢？

宣纸的分类

生宣

生宣是指没有经过加工的宣纸，吸水性强，墨汁滴在纸上很容易晕开，易产生丰富的墨色变化，适合创作写意画。

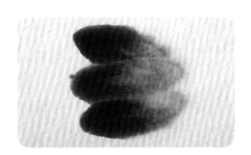

熟宣

熟宣是指加工时用明矾等涂过的宣纸，所以纸质比生宣硬，吸水性弱，使用时墨汁不会轻易晕开，更适合用于创作细致的工笔画。

半熟宣

半熟宣也是由生宣加工而成，但由于制作时明矾涂得较少，吸水能力在生宣和熟宣两者之间，更适合初学者使用。

宣纸是如何制成的?

宣纸传统制作技艺有108道工序,对水质、原料制备、器具制作、工艺把握都有严格的要求。这一技艺经口传心授、世代相传、不断改进,对中华民族文化的传承与发展产生了深远的影响。

青檀皮   沙田稻草

制作宣纸的主要原料是青檀皮和沙田稻草,原料的加工是宣纸制造过程中最漫长的一个阶段,也是决定宣纸品质的根本所在。

宣纸的制作过程可以分为四步,且缺一不可。
第一步是皮料加工,主要是指对青檀皮的加工。
第二步是草料加工,主要是对沙田稻草进行加工,加工方法和第一步类似,需要经历8至10个月的日晒雨淋。
第三步是制浆,就是把加工后的青檀皮纤维和沙田稻草纤维按照固定的比例进行混合,最终制成符合要求的纸浆。
第四步是制纸,就是将纸浆制成纸的过程。

01 水深火热的皮料加工

1. 砍条

每年的"霜降"到次年的"惊蛰"时分，是砍伐青檀枝条的最佳时期。将砍下的枝条按照粗细分别归类，扎成小捆。

2. 蒸煮

将扎成小捆的青檀枝条放在锅里蒸煮。

3. 浸泡

将蒸煮好的青檀枝条放入冷水中浸泡。

9. 洗皮

出锅后的皮坯，要经过踏皮、洗皮的工序，才进入晾晒环节。

10. 摊青皮

摊开晾晒，见雨晒干后即可收皮坯了。还要再经过三次浆灰、蒸煮、洗皮、摊晒后，皮料才算准备完成，成为燎皮。

4. 剥皮

浸泡后的青檀枝条很容易剥下皮料，一般一根枝条可以剥 2 至 5 条皮料。

5. 晾晒

将剥好的青檀皮料放在杆上晾晒，晒干后扎成小把，称为"毛皮"。

7. 浆灰

再次浸泡皮坯，滤掉水分，堆放好后，四周泼上石灰水，等待发酵。

8. 装锅蒸焖

将皮坯按人字路套装，装完后放入密封好锅头的锅中蒸，蒸通气后，焖到次日出锅。

6. 解皮

浸泡毛皮，然后将其解开，重复整理成枝，整理时抽掉皮内的骨柴，将宽皮撕开，选出细碎的皮整理成束形成皮坯。

02 历经日晒雨淋的草料加工

2. 扎草把

将梳后的草束扎成小把，再将小把合并捆成大捆，打上活结。

1. 拉枯叶

用钉梳把沙田稻草的枯叶去掉。

我要赶快把这些清理干净！

8. 摊晒渡草

将灰白的草坯块剥开摊晒，然后经过撕松打散、抖除余灰，清除其他杂物后，需要再经过两遍端料、装锅蒸煮和摊晒等工序后，才成为"燎草"。经过这些流程后，黄色的草已经变成灰白色。

9. 鞭洗、压榨

用小棍子反复鞭打燎草，去除杂物、污沙等，然后将鞭好的草坯块清洗。最后，将圆柱形的草坯块横放在草榨上，将其榨干。这样草料的加工就基本完成了。

咳咳，好大的灰啊！

这里面应该都渗透了。

今天的天气倒是不错！

3. 浆灰

扎好捆的草束要经过冷水浸泡和石灰浆洗，等石灰水均匀地渗透到草束内部后，用一个长耙钩把草束从石灰水里勾出来。

4. 摊晒

将草束铺开摊晒，晒干成为草坯送去原料厂。一般要放置一年，去火气，来年使用。

6. 端料

将去过灰的草坯放进装有碱水的桶中浸泡，然后将浸泡过的草坯捞出，分三段折叠盘放在草架上，形成草坯块。

7. 装锅蒸煮

将端过后的草坯块均匀地堆叠在蒸锅内，进行蒸煮，蒸到第二天出锅，出锅后立即用清水淋浇，去除残留的碱。

5. 抖草坯

晒干后的草坯表面还是会有一些灰尘，不易清洗，需要适当地抖动去灰。

03 制浆

选些好的料。

1. 选检

挑选好的皮料和草料，选皮料时把杂物剔除，宽皮也要撕开；选草料时要去除草黄筋、杂物等。

2. 碓皮、春草

用木槌反复捶打皮料，使其成为薄薄的一层；在石春中捶打草料，把皮料和草料打得更加细腻。

你知道吗？捞纸时至少要有两位工匠相互配合才能完成，一位被称为"掌帘"，另一位被称为"抬帘"。

对！这是非常重要的一步，捞纸技术的好坏会直接影响宣纸的品质。

04 制纸

1. 捞纸

用竹帘将纸浆池中的纸浆捞出来，使附着在竹帘上的纸浆形成纸张。

嘿，得使劲啊！

嘿嘿！

3. 切皮、踩料

把捶打成片的碓皮叠在一起，用切皮刀切成细碎的扁块。切好的皮料和草料在料缸中浸泡一段时间后，就可踩料了。

4. 袋料

将踩好的皮料和草料装入布袋中，放入水池浸泡，捞出后双脚依次踩踏布袋，使其变成糊状，再放入水池中捣洗。

5. 数棍子

将糊状的皮料和草料放入缸中反复搅拌，直至纸浆划融。

你刷得真平整啊！

2. 晒纸

捞出来的纸帖经过榨干水分、烘干、浇帖、鞭帖、做帖等工序后，才可将纸从帖上分离，放在平滑的、高温的石灰焙上，用刷子刷平，等待烘干。

有两把刷子！

刚从纸贴上揭下的湿纸极容易破裂，但是在技艺纯熟的晒纸工手里却像柔软的布料。晒纸的过程中有一个非常重要的工具——刷子，晒纸工要一刷一刷地让湿纸在焙墙上展平，却不留刷印。

传统的晒纸过程一般需要十六刷，有吊拐角、托晒、抽心、半刷、挽刷、打八字、收窗口等动作，老一辈的晒纸工非常讲究刷路，而刷路也决定着宣纸的质量。

传统的晒纸工手里至少有两把刷子，人们经常夸一个人有本事时说"这人有两把刷子"，相传来源于此。

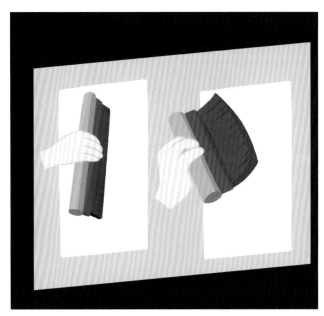

3. 剪纸

将有破洞等瑕疵的纸挑出来后，按照不同规格进行裁剪。这里最重要的工具是当地特制的后山剪刀，每个剪纸工都对自己的剪刀非常看重。这也是宣纸与其他很多纸的区别之一。

后山剪刀

我要剪整齐一点！

包好就可以拿去卖啦！

4. 整理包装

将裁剪好的宣纸按照一定的张数包装好，并盖上印章，以区分不同生产厂家。之后就可以销售了。

哇，这纸真好用啊！

29

非遗档案

遗产名称： 端砚制作技艺

公布时间： 2006 年（第一批）

非遗级别： 国家级

非遗类别： 传统技艺

项目编号： Ⅷ-75

申报地区： 广东省肇庆市

简　　介： 端砚在唐代中期已风行全国，因下墨如风、发墨如油、不耗水、不结冰、不朽、护毫等优点而闻名于世，被称为"众砚之首"。

千金易得
端砚难求

· 端砚制作技艺 ·

端砚以石质坚实、润滑、细腻而驰名于世，无论是酷暑还是严冬，用手按其砚心，
砚心湛蓝墨绿，水气久久不干，故古人有"呵气研墨"之说。

砚台小百科

在中国古代，人们通常用毛笔蘸取墨汁来写字或画画。墨块需要和水在一起研磨，才能有墨汁，这里就需要砚台啦！砚台就像一个小碟子，不仅能盛放墨汁，还可以用来磨墨。

其实砚台的品质各有不同，那什么样的砚台最好用呢？我们平时要怎么挑选砚台呢？一起来看看吧！

四大名砚

砚台是一种久负盛名的中国传统手工艺品。历经岁月的变迁，最终，甘肃临潭县的洮河砚、广东肇庆市的端砚、安徽歙县的歙砚、山西新绛县的澄泥砚，被称为是"中国四大名砚"。

多种材质的砚台

砚台发展至今，可谓是百花齐放、百家争鸣。虽然砚台的主要用途是磨墨，但正是经过历朝历代的工匠们长年累月的刻苦钻研和几代人的传承，直到今天我们才能看到各种材质、各种形状的砚台争奇斗艳。

石砚

石质的砚台

陶砚

陶质的砚台

玉砚

玉质的砚台

三大石质名砚的对比

石砚是最常见的砚台类型，对于以磨墨为主要功能的砚台而言，下墨、发墨水平的高低是衡量砚材好坏的重要指标之一。

下墨： 是指通过研磨，墨块在砚台上变为墨汁的速度。

发墨： 是指墨中的碳分子和水分子融合的速度以及墨汁的细腻程度。

歙砚

其石坚润，磨之有锋，涩水留笔，滑不拒墨，墨小易干，涤之立净。

下墨： ★★★

发墨： ★

硬度： ★★★

端砚

以独特而丰富多彩的石质花纹和巧夺天工的雕刻艺术而闻名于世。

下墨： ★

发墨： ★★★

硬度： ★

洮砚

亦称洮河砚，石质细腻，纹理如丝，发墨细快，保温利笔。

下墨： ★★

发墨： ★★

硬度： ★★

一举成名的端砚

相传唐朝贞观年间，有一位广东考生进京赶考。考试那天，天气十分寒冷，墨汁刚磨好，很快就结了冰，要化开再磨。这样，考生们写字时常常要停下来，不仅文思被打断，字也写不好，弄得十分狼狈。

监考官看到这种情况，在考场里急得踱来踱去、搔首皱眉，但想不出办法来。忽然，他看见那位广东的考生正在从容不迫地奋笔疾书，与别人全然不同。

监考官感到奇怪，便走到他的跟前，看到他的砚台里墨汁湿润、光泽夺目、没有结冰，更加感到惊奇。

等到考试结束，监考官将这位考生的砚台拿过来细看。考生告诉他这是广东的端砚，磨出来的墨天热时不易干燥，天寒时不易冻结。监考官又当场磨墨挥毫，见写出来的字迹顺滑清晰，便立即将情况启奏皇上。

皇帝听了以后，便传那个广东考生上殿，亲自看了他的砚台，问明了端砚的妙处，还兴致勃勃地试用了一下，看到效果果真如大家所说的那样，心中大喜，下诏把端砚列为贡品，叫端州府台每年按时进贡。从此，端砚身价翻倍，名扬天下。

这砚台磨墨冬天不易冻结。

果然是好砚，就把它列为贡品吧！

端砚的发展历史

端砚扬名于唐，兴旺于宋，精于明清，式微于清末民初，振兴于当代。

唐代

唐代初期开始生产的端砚以实用为主，造型古朴，形状主要是箕形和方形，砚足呈三足向多足转变的趋势，以适应当时人们席地而坐的习惯。

明代

明代的端砚做工精巧，纹饰更加丰富精细，常见花鸟、鱼虫、山水、人物等题材。此时由于端砚石开采多年，逐渐稀少，所以鉴赏和收藏端砚的人越来越多。

宋代

到了宋代，端砚的实用价值与欣赏价值并重，端砚开始成为文人墨客之间鉴赏、馈赠、收藏的佳品。

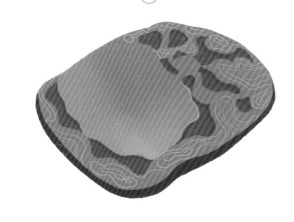

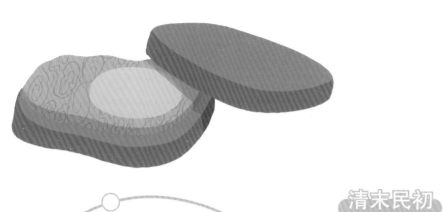

清代

清代初期，端砚的发展达到了空前的繁荣，受石刻、银铸、木刻等技术的影响，在砚材、形制、雕刻技艺、花纹品评等方面有了不少创新。

清末民初

到清末民初时，战乱连年、内忧外患的社会环境导致不少制砚匠人散落各地或转业，端砚走向衰落。

新中国成立后

政府组织散落的制砚匠人归队，曾停采的麻子坑、老坑、坑仔岩等陆续开放，端砚制作技艺逐渐复苏。

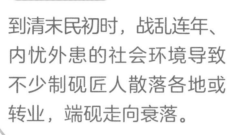

千年技艺匠人心

在 1300 多年的发展历史中，制作端砚的匠人不断总结经验，因地制宜地形成了一套科学、严谨的制作工艺。端砚的制作过程十分复杂，主要有采石、选料、制璞、设计、雕刻、配盒、磨光、上蜡等工序。

1. 采石

砚台的石料有坑口优劣之分，端砚以端溪名坑为上石，有老坑、坑仔、麻子坑等坑口。采石工根据石脉的走向寻找石源，手工开采，将石料一块一块凿下来。

7. 磨光、上蜡

用油石加幼河砂粗磨，将刀路、凿口磨平，再用细砂纸细致打磨，直至手感光滑。现代制作端砚，在打磨后还会上一层蜡，先把砚台烤热，然后涂上蜜蜡或白蜡，蜡遇热后瞬间熔化渗进砚石里面，最后晾干即可。

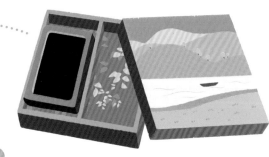

6. 配盒

为雕刻好的砚台配上木盒，起到防尘和保护砚石的作用。砚盒用料多为紫檀、酸枝、楠木等硬木。

3. 制璞

这一步也需要工匠看得懂石头，将砚石最好的地方留作墨堂。

2. 选料

对采出的砚石进行筛选、分级，将废料去除。这就要求工匠们会看石、选石，然后对砚石进行裁切，去除不能用的部分。

5. 雕刻

根据设计好的图案进行雕刻。

4. 设计

根据砚石的情况设计图案，将砚石中的瑕疵与图案相结合，成为锦上添花的亮点。

砚台赏析

程文款夔（kuí）龙诗文
抄手端砚

端石寿砚

澄泥砚

四方砚

遗产名称：国画颜料制作技艺（姜思序堂国画颜料制作技艺）

公布时间：2011 年（第三批）

非遗级别：国家级

非遗类别：传统技艺

项目编号：Ⅷ-198

申报地区：江苏省苏州市

简　　介：姜思序堂国画颜料有着颜色鲜明、纯净光润、轻细若尘、入水即化、与墨相融、着纸能和、多裱不脱、经久不变的特点。

千年不褪的中国色

·国画颜料制作技艺·

古人从矿石、植物中提取颜料，将其点缀在笔墨之间。朱砂、孔雀石、青金石、藤黄、雄黄、赭石……它们既是制作国画颜料的原材料，也是中国山水画卷颜色千年不败的奥秘。

青山绿水驻色永恒

"丹青"是中国古代对绘画艺术的独特称谓，常用丹红、花青、石青等色彩。清代以前，我国并没有专门制作和销售国画颜料的店铺，画家使用的颜料大多为自行研制。

清代初期，在苏州姜图香的后代中，诞生了一位善于制色的画家，其所制颜料明快腴润、色彩鲜艳，有纸色合一、经久不脱之妙，一时声名大噪。因姜图香这一宗支的堂名为"思序堂"，故即以"姜思序堂"命名，这便是姜思序堂国画颜料店的由来。

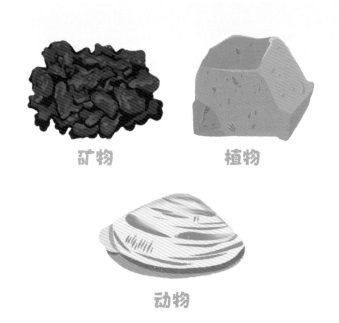

矿物　　植物

动物

传统国画颜料的制作技艺与原材料的性质有直接关系。传统国画颜料的原材料来自矿物、植物和动物，比如朱砂提取的红色，蓝草炼制的花青，蛤蚌壳锻制的白色。根据原材料的类型和性质差异，颜料制作工艺也不尽相同，有的要锥破，有的要浸出，有的要取其实质，有的仅上提浮膘。在技艺上须手法精细，在选料和操作上须不厌其烦。

大自然的馈赠

与人工合成的颜料相比，传统国画颜料具有突出的耐光热性、耐氧化性以及优良的色彩光泽度、遮盖力和层次感。

北宋画家王希孟的画作《千里江山图》被称为"中国十大传世名画"之一，画中的山石先以墨色勾皴，后用石绿、石青烘染山峦顶部，彰显青山叠翠的秀丽风光。这幅画作历经千年，至今依旧色彩明艳。

石绿

中国古代称孔雀石为"石绿"或"绿青"，孔雀石是一种含铜的碳酸盐矿物，在我国主要产于广东阳春、湖北大冶和江西瑞昌等地。由于孔雀石色调纯正、艳丽，能够呈现出浅绿、黄绿、孔雀绿、深绿和墨绿等多种色彩，古人常常将其研磨成粉，制作成绘画颜料。

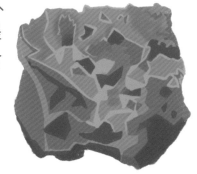

石青

中国古代称蓝铜矿为"石青"，蓝铜矿是一种只在铜矿表面层出现的蓝色矿石。由于蓝铜矿多露于地表，容易被发现，所以早在 4000 多年前，蓝铜矿就成为冶炼金属铜的原料之一。蓝铜矿的颜色较为多样，从天蓝色到深蓝色都可以呈现出来，所以其粉末常用于制作蓝色系颜料。

时间沉淀出的自然色

原料不同，制作方法各异，一批颜料的诞生，需要经过选料、研磨、沉淀、下胶等，工序复杂，每道工序都需要耐心与漫长的等待。以石青为例，看看国画颜料的制作流程吧！

石青制作技艺流程

3. 粉碎

先用榔石将矿石敲碎，分拣出可用的碎石块，再用石臼将石块捶细。

1. 选料

石青的原料是蓝铜矿，以泥沙少、色深蓝者为上等。

2. 浸泡

置于水中浸泡，反复淘洗去表面的污泥和杂质。

9. 分色

步骤 7 中得到下层颜色就是"头青"，对滗出的水进行反复沉淀，可依次得到二青、三青、四青。

8. 干燥

取出沉淀后干净的颜料，自然晾干或隔水烘干，经分散、过筛后就得到了颜料。

5. 研磨

将干净的细粉状原料倒入研钵中，加适量水反复研磨。直至上层浮现膘光，杵钵摩擦无声。

4. 过筛

用丝网筛过滤粗颗粒收集细粉，粗粒再次粉碎。

6. 下胶

将研磨好的浆料放入器皿中，加入适量明胶搅拌均匀后，冲沸水再搅拌均匀，静置沉淀。

7. 沉淀

滗出上层水。反复数次步骤 6，充分漂洗、沉淀，滗出上层水，直到下层颜料干净无杂质。

非遗档案

遗产名称： 中国书法

列入年份： 2009 年

非遗类型： 联合国教科文组织评定列选的人类非物质文化遗产代表作名录

非遗类别： 传统手工艺；社会实践、仪式、节庆活动

申报国家： 中华人民共和国

简　　介： 中国书法是一门古老的汉字书写艺术，从甲骨文、石鼓文、金文（钟鼎文）演变为大篆、小篆、隶书，再到东汉乃至魏晋的草书、楷书、行书等，书法一直散发着独特的艺术魅力。汉字书法是汉族独创的表现艺术，被誉为"无言的诗，无行的舞，无图的画，无声的乐"。

字里藏千秋

·中国书法·

中国书法是以笔、墨、纸等为主要工具材料的一种艺术实践，通过汉字书写，在完成信息交流等实用功能的同时，以特有的造型符号和笔墨韵律，融入人们对自然、社会、生命的思考，从而表现出中国人特有的思维方式、人格精神与性情志趣。

赵永争：书法艺术传承者

赵永争

字甬正，笔名泉清、文翎，别署四雅斋主人

现为中国书法家协会会员，中国人民大学画院中国书画课题班赵永争工作室导师，中国楹联学会会员，中国硬笔书法协会会员，中国甲骨文书法艺术研究会会员，国家一级美术师。

人物专访

书法是什么呢？

A：首先这里的"书"是一个动词，即"写字"的意思；"法"表示规则或者规范。也就是说，写字也要有规范和法则，这样写出来的字才叫书法。

字体的演变有什么规律可循吗？

A：这还要从文字的起源说起，从甲骨文到现在的文字，有三千多年的历史。甲骨文是刻在龟甲或兽骨上的文字，龟甲非常硬，用刀刻字，所以笔画特别细，基本都是直线条。之后出现的金文是在青铜器上的文字，是通过模具浇铸而成的，所以笔画比书写的要粗，在笔画交叉的地方，会从方角变成圆角，所以在写金文的时候，我们要尽量还原。

秦代出现了小篆，由丞相李斯创制了统一

的汉字书写形式，笔画线条粗细一致，又叫铁线篆，字体方正，大小一致。篆体对写字的规范要求很严格，所以很多人做不到，之后出现的隶书就好了很多。

汉代的隶书一般是写在竹简上的。汉简很窄，宽度不超过1厘米，所以横向的笔画比较短，后来刻在石碑上，字体就越来越横向化了，所以现在写隶书时字体都是扁平的。

之后楷书出现了，楷书分为魏碑和唐楷。魏碑算是隶书到楷书的过渡体，狭义上的楷书其实是唐楷。"楷书四大家"颜真卿、柳公权、欧阳询和赵孟頫，前三位都在唐朝。

为了快速书写，发展出了草书。草书分为章草和今草，章草是由隶书转变过来的，而今草是由楷书转变过来的。由于草书不容易辨认，后来行书就出现了。行书书写快，又易辨认，写法也比较自由，各时期都有行书大家，像王羲之、王献之。

Q: 小学生学书法，您建议从什么字体开始学？

A：对于小学生而言，他们认识的字不是特别多，接触繁体字更少，所以我建议从楷书或隶书开始学习，一是这两种字体比较好认，二是繁体和简体的差别较小。如果是成人学书法的话，从哪种字体开始学都可以，因为篆、隶、楷、草、行的基本功是相互独立的。

关于汉字起源的传说

汉字是世界上最古老、使用人口最多的文字，在漫长的历史演进过程中，汉字是如何产生的呢？一起看看关于汉字起源的传说吧！

1. 远古时期，人们将绳子打结来记录事情，不过结绳记事很容易忘记，也不能够交流，所以有很大的局限性。

也有人会用木头或石块等物体在树或石头上刻画符号来记事，虽然和结绳记事殊途同归，但这可能是最早的文字书写形式之一。

圆形代表猪、三角形代表羊……

3. 后来人们开始通过图画来记事，这样所传达的信息就比结绳和符号要清晰得多。但图画并没有像文字那样有固定的读音和明确的意义。

我有四头牛，看我画的牛。

以后这就是牛的意思了！

仓颉

传闻中仓颉有双瞳四目，就是眼球有两个重叠的瞳孔，四目是指有四只眼睛，说这就是圣贤之相。

呃……这难道不是猪吗？

4. 直到上古时期，黄帝为了方便管理，命史官仓颉造字，后世便有了"仓颉造字"的说法。不过汉字数量巨大，所以普遍认为仓颉只是收集、整理和统一的人。

汉字字体的演变

汉字经过 6000 多年的演变，其过程是：甲骨文 → 金文 → 篆书 → 隶书 → 楷书 → 草书 → 行书。"甲金篆隶楷草行"七种字体合称为"汉字七体"。

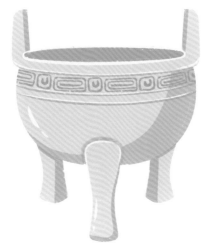

甲骨文

殷商时期写在龟甲和兽骨上的占卜文字，目前最早的甲骨文文字出土于河南安阳（殷墟）。

篆书

篆书分为大篆和小篆：大篆是春秋战国到秦时通用的字体，小篆是秦朝统一文字后使用的字体。

金文

商周时期刻铸在钟、鼎及其他青铜器上的铭文，又称"钟鼎文"。

月

隶书

由篆书演变而来，产生
于秦，通行于汉。

月

楷书

由隶书逐渐演变而来，
更趋简化，横平竖直。

月

草书

在隶书的基础上演变而
来，形成于汉代，自魏
晋南北朝后盛行不衰。

月

行书

约出现于东汉末年，名称
始见于西晋，是介于楷书
与草书之间的一种字体。

55

书法之美

整体形态美

汉字的基本形态是方形的，但是通过点画的伸缩、轴线的扭动，也可以呈现出各种不同的形态，从而组合成优美的书法作品。

点画结构美

汉字的部首组合方式主要是上下式、上中下式，左右式、左中右式，包围式、半包围式共六种，主要遵循比例原则、均衡原则、韵律原则等。

上下式

上中下式

好
左右式

左中右式

包围式

远
半包围式

墨色组合美

书法的墨色组合，主要涉及两个方面：一是对背景底色的分割组合，二是点画结构的墨色组合。从作品的整体效果来看，不但要注意点画墨色的平面结构，还要注意其分层效果，从而增强书法的表现深度。

书法赏析

随着书法汉字的不断发展，中国历史上曾涌现出一大批优秀的书法家，如东晋的王羲之，唐朝的欧阳询、柳公权、颜真卿和元朝的赵孟頫等。

王羲之（303—361 年），东晋大臣、书法家，有"书圣"之称。

"书圣"王羲之

王羲之擅长书法，特别是隶、草、楷、行各体，与他的儿子王献之合称"二王"。353 年，王羲之组织"兰亭雅集"诗词会活动，撰写的《兰亭序》成为"天下第一行书"。

《张迁碑》

欧阳询的楷书《黄帝阴符经》

吴敬恒的石鼓篆书

怀素的草书
《自叙帖》

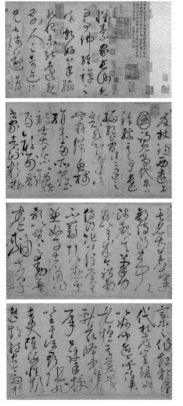

苏轼的行书
《一夜帖》

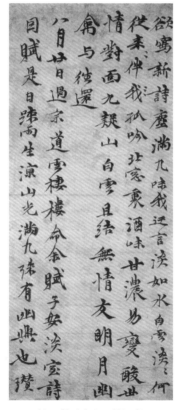

倪瓒的行楷书
《淡室诗》